Dégnitché Arsène Melchior DANDJINOU

Le vodoun qui est -il ?

Dégnitché Arsène Melchior DANDJINOU

Le vodoun qui est -il ?

L'apparition du vodoun

Éditions Muse

Imprint

Cover image: www.ingimage.com

Publisher:
Éditions Muse
is a trademark of
Dodo Books Indian Ocean Ltd. and OmniScriptum S.R.L publishing group

120 High Road, East Finchley, London, N2 9ED, United Kingdom
Str. Armeneasca 28/1, office 1, Chisinau MD-2012, Republic of Moldova, Europe
Printed at: see last page
ISBN: 978-620-4-96335-8

Le vodoun qui est-il ?

DANDJINOU D.Arsène Melchior

Du même auteur

Pourquoi dan dans Danxomè ?

La Vallée de la solitude

De la motivation à la réussite

Le pouvoir de la décision

DANDJINOU D. Arsène Melchior

Le Vodoun qui est-il ?

Remerciement

L’auteur remercie

Les étudiants de l’Ecole Polytechnique de l’Université d’Abomey-Calavi(EPAC), les chefs traditionnels, les historiens du Bénin ...

Et tous ceux qui de près ou de loin ont participé à la réalisation de cet ouvrage.

SOMMAIRE

Le vodoun qui est-il ? 3

Du même auteur 5

Remerciement 9

SOMMAIRE 11

Avant-propos 13

Introduction 15

Origine 17

Panthéon vaudou en Afrique 19

Dieux (ou vaudousa) 19

Shango, Ogoun 23

Organisation 32

Initiation 33

Evolution 33

Magie 33

Culte et pratique vaudoun hors d'Afrique 34

Conclusion 37

Bibliographie 39

Avant-propos

Pour identifier l'origine de ce livre, il faut en faire remonter quinze ans en arrière, à l'époque ou enfant je me demandais ce que mon père faisait avec le vodoun qui était dans sa maison .il était un homme politique, mais la nature de son vodoun qui lui procurait la bénédiction et de l'abondance n'avait rien pour impacter un enfant de treize-ans.

A l'école, à la récréation, certains de mes amis disent souvent selon ce qui a été dit à l'église que le vodoun est très mauvais et qu'il serait la source des malheurs qui nous arrivent dans nos familles respectives. Apparemment, mon père allait souvent toutes les fins du mois auprès de son vodoun toxosou pour lui donner des sacrifices (sucre, boissons sucrés, biscuits ……) Mais force est de constater qu'il a toujours eu de la promotion dans ses affaires et dans les institutions dans lesquelles il a travaillé .de cette vieille interrogation est née la question : Le vodoun qui est –il ?

Cette question est restée enfouie dans ma mémoire pendant mes années académiques dans lesquelles je compte trois ans en linguistiques et quatre ans en Histoire à l'université d'Abomey-Calavi au Bénin. Jamais je n'ai pris conscience du fait qu'on ne parlait suffisamment du vodoun, bien que j'étais en Histoire de l'art et que le programme de maitrise ai pour objectif la formation en art traditionnel. Cette vieille question m'est revenue à l'esprit seulement lorsque je me suis mis à la recherche du bienfait du vodoun.

Graduellement, cependant, l'idée prit corps, son chemin ayant été préparé par la curiosité de son enfance, et par la conscience de plus en plus claire sur la compréhension du vodoun .J'ai voulu faire de ce livre, mon sujet de thèse de doctorat, mais j'ai jugé important apporter un éclairage au ignorants culturels.

J'ai beaucoup gambadé dans mes recherches, puisque le sujet que je vais développer est très sensible et regorge des embuches épineuses. Je suis passé par le campus d'Abomey –calavi pour poser des questions aux étudiants ,après j'ai été vu les prètres vodouns dans les villages du Bénin, et la population sur le vodoun en passant par kétou, Abomey , porto-novo, lokossa, calavi, hèvié. J'ai récolté des réponses .Ce fut une étude parsemée de difficultés de tous ordres et qui a pris assez de temps. Mais après des jours passés dans ma caserne sans femme ni enfant, ce n'est qu'en octobre 2018 que l'arbre scriptural a porté ses fruits.

Introduction

« Le vodoun qui est-il ? » il s'agit d'une question simple , adressée aux hommes de toutes entités religieuses par leur enfants , par les historiens , historiens de l'art, les étudiants et élèves qui aspirent un jour connaitre leur origines ou le sens vodouiste (histoire du vodoun).si vous posez cette question, il est probable qu'on vous répondra en disant: «je ne connais rien du vodoun ou simplement j'entends souvent parler où on a dit que tel vodoun fait tel ou tel chose ou joue tel rôle ». Mais le vodoun qui est-il vraiment ? si vous insistez pour avoir une réponse, vous pouvez toujours aller vous enterrer pendant le plus claire d'une année dans l'une des meilleures bibliothèques africaine sur la culture ou carrément, on vous dira moi je suis un religieux, je ne pratique pas le vodoun et je n'y connais rien. Et l'échange va rester sur ses réponses et allégations infirmes.

D'après mes nombreux voyages littéraires, le vodoun est une divinité qui incarne des esprits ayant pour but d'accoucher des réalisations de tous ordres. Cet ouvrage que j'ai écrit, n'a pas pour but d'embrouiller la foi des hommes mais pour révéler le coté ultra positif du vodoun ; fournir un début de réponse à la question d'amener d'autres personnes à y rechercher des réponses plus précises. Au Bénin, nous vénérons plusieurs vodouns tels que : Sakpata , dan , ogoun, , hevioso, shango, toxosou, xhoxho(jumeaux) , Tron, Aizan, lègba, houédanou, ninsouxwé ….

Avant que vous ne preniez goût aux voudouns sur lesquels nous avons effectué notre recherche, il est important, que savourez l'origine et le panthéon du vodoun en Afrique.

Origine

Le vaudoun est né de la rencontre des cultes traditionnels des dieux yorubas et des divinités fon et ewe, lors de la création puis l'expansion du royaume Fon d'Abomey aux XVIIe et XVIIIe siècles.

Le vaudoun est le fondement culturel des peuples qui sont issus par migrations successives de Tado au Togo, les Aja (dont les Fons, les Gouns, les Ewe… et dans une certaine mesure les Yoruba…) peuples qui constituent un élément important des populations au sud des États du Golfe du Bénin (Bénin, Togo, Ghana, Nigéria…).

Le mot *vaudou* provient du terme *vodoun* de langue Fon. Le "n" final de *vodoun*, quasi inaudible par les occidentaux qui ne pouvaient percevoir les subtilités sonores de cette langue, fût retiré, donnant ainsi le terme *vaudou*, ayant plusieurs orthographes selon les pays en fonction de ce que les colons ont phonétiquement rapporté. Le terme *vaudou* n'existe d'ailleurs pas au Bénin et c'est bien le terme de langue fon qui est employé pour désigner cette pratique. Le mot Fon *vodoun* est lui-même tiré d'un mot Yoruba signifiant « dieu ». Le vaudou désigne donc l'ensemble des dieux ou des forces invisibles dont les hommes essaient de se concilier la puissance ou la bienveillance. Il est l'affirmation d'un monde surnaturel, mais aussi l'ensemble des procédures permettant d'entrer en relation avec celui-ci. Le vaudou correspond au culte yoruba des Orishas. De même que le vaudoun est un culte à l'esprit du monde de l'invisible. À chaque ouverture, le prêtre vodoun demande l'aide de l'esprit de Papa Legba pour ouvrir les portes des deux mondes.

Le vaudou peut être décrit comme une culture, un héritage, une philosophie, un art, des danses, un langage, un art de la médecine, un style de musique, une justice, un pouvoir, une tradition orale et des rites.

Avec la traite négrière, la culture vaudoun s'est étendue à l'Amérique et aux îles des Caraïbes, notamment Haïti. Elle se caractérise par les rites d'« incorporation » (possession volontaire et provisoire par les esprits), les sacrifices d'animaux, la croyance aux morts vivants (zombies) et en la possibilité de leur création artificielle, ainsi que la pratique de la sorcellerie sur des poupées à épingles (poupée vaudou).

La pratique de leur religion et culture était interdite par les colons, passible de mort ou d'emprisonnement, et se pratiquait par conséquent en secret. Le vaudou a cependant intégré les rites et conceptions catholiques, le rendant ainsi acceptable. Ainsi est né le « vaudou chrétien ».

Dans les années 1950, le Vatican a fait la paix avec le culte vaudoun.

Le vaudou a perduré et ses pratiquants affichent sans craintes leur croyance.

Autel vaudou et fétiches à Abomey au Bénin.

Le panthéon vaudou est avant tout constitué des forces de la nature, comme dans le chamanisme. Les vaudou (*loa*, *lwa*) et leurs relations renvoient aux puissances naturelles que sont la foudre, la mer, la maladie, etc.

Mais le culte vaudou s'intéresse aussi à d'autres entités surnaturelles, telles que les ancêtres divinisés et les monstres (et autres animaux).

Dieux (ou vaudousa)

Mawu (prononcé *ma-whou*) est le Dieu suprême qui règne sur les autres dieux. (*mawu ko lo* pour « Dieu est grand » ; *akpé na mawu* pour « merci à Dieu » ; *mawuena (m)* pour « don de Dieu »). Mawu n'ayant pas de forme, il n'est donc jamais représenté, ni en peinture ni associé à des objets, comme le sont les autres vaudous.

Mawu est incréé et créateur de tous les autres vaudouns. Mawu n'intervient pas dans la vie des hommes. Il aurait créé les autres vaudouns pour qu'ils soient en relation avec les hommes et le monde. « **Mawu** » ne fait pas partie à proprement parler du panthéon vaudoun ; c'est un concept, une entité plutôt qu'une personne ; littéralement Mawu doit se traduire par « **l'inaccessible** ». Ce qui explique qu'il n'y a nulle part dans l'aire du vaudoun un culte pour Mawu ; on ne fait que le remercier, le glorifier. On le dit bienveillant envers toutes les créatures.

Les chrétiens Ewés et Fons utilisent le même mot *Mawu* pour désigner le Dieu chrétien.

Le panthéon vaudoun est fait d'une multitude de **Lwas**, qui sont des esprits, des divinités inférieures, pouvant entrer en communication et même collaborer avec les humains. Les **Lwas** se matérialisent le plus souvent dans des objets inanimés de la nature, tel des pierres et des arbres ; c'est pourquoi on qualifie le vaudoun d'« animiste ».

Une des plus importantes Lwas est **Erzulie**, ou Erzulie Freda, déesse de l'amour. On trouve aussi **Gu** (l'Ogoun des Yorubas), dieu de la guerre (et des forgerons),**Ogoun Zobla** (l'intelligence pure et la réussite) **Sakpata**, dieu de la variole (et plus généralement de la maladie, de la guérison et de la Terre), **Damballa**, esprit de la connaissance, ainsi que le puissant **Hevioso**, dieu de l'orage et de la foudre. Ce dernier est accompagné d'un nain ou d'un homoncule chargé de forger ses éclairs. **Legba**, quant à lui, a la fonction d'intermédiaire et de messager des dieux. Il est assimilé, dans le vaudoun syncrétiste haïtien, à Saint Pierre, qui détient les clefs du Paradis et de l'Enfer. Il préside le lavage des mains d'eau et de rhum.

Dans le vaudoun en Afrique, il n'y a pas les concepts de paradis et d'enfer. Lêgba (Eshu pour les Yorubas) est en effet le dieu le plus important en cela qu'il est le dieu des croisements, le dieu de la **réflexion** ; son rôle d'intermédiaire vient ensuite. Il forme avec la divinité Fa (ou Ifa) un couple porteur de la pédagogie de cette culture.

Sakpata

La divinité sakpata dah zodji est une pratique associée à un autel dédié aux sacrifices et libations. La mise en oeuvre de cette pratique nécessite de multiples éléments matériels (animaux, cola rouge et blanc, huile rouge etc...) et la sortie de ses adeptes parés de leurs plus beaux accoutrements. Sakpata ""Dieu de la terre, de la variole, de la rougeole et de la varicelle"" Sakpata ""Ayinon"" propriétaire de la terre, est le vodoun le plus craint au Bénin. Introduit au Danxomè par les Nago du Nigéria, le culte de cette divinité a été connu d'abord en pays Idatcha dans le zou nord avant de se répandre dans tout le bénin. Le Dieu de la terre est une divinité redoutable dont on ose à peine prononcer le nom dans les maisons de peur qu'il n'apparaisse. Sa présence se remarque par des épidémies de variole, varicelle ou de rougeole. Dieu de l'abondance, il est imploré pour de bonnes moissons. Ses adèptes sont appelés "Sakpatassi ou Anagonou"". Son symbole est la jarre trouée qui rappelle les boutons et les tâches indélébiles laissés par les maladies qui lui sont associées, sur le corps de ceux qui en ont souffert. Les victimes de ces maladies sont enterrées loin des habitations (dans une forêt) sous les yeux vigilants des hauts dignitaires du clergé SAKPATA."

Le vodoun sakpata est aussi très honoré dans la vallée de l'ouémé et à porto-novo. C'est un vodoun dit de lignage, un ancêtre fondateur divinisé.

Le culte sakpata fut introduit en pays fon par le roi Agadja (1708-1732).

En résumé, le vodoun sakpata gère la terre, gouverne le monde et rend la justice.

Vodoun sakpata

Analyse : le vodoun sakpata dieu de la terre, n'est pas un vodoun malfaiteur comme le pense les non adeptes. C'est un esprit puissant qui vous donne ce que vous lui demandé. Exemple : Vous aller àun concours où vous avez plusieurs challengers. C'est simple, aller consulter votre Bokonon et dites-lui que vous voulez sortir premier, il vous dira de donner votre nom et le nom de l'institution qui organise le concours plus quelques éléments secrets qu'il vous indiquera et vous confiez tout au vodoun sakpata .Il n'y a rien à faire, Vous devez réussir. Dans d'autres contexte, lorsque vous draguer une fille qui refuse , confiez son nom et votre nom au sakpata .Elle viendra chez vous et se déshabillera elle-même pour vous amener à lui faire l'amour.

Shango, Ogoun

Shango et ogoun sont des vodouns qui procurent le bonheur, la paix et la joie dans le foyer.

Par contre, lorsque vous aller consulter le fâ et que le bokonon vous notifie que c'est le vodoun Ogoun ou shango que vous devez adorer pour jouir de votre bonheur, il faudrait qu'après avoir demandé et obtenu ce que vous souhaitez avoir , il faut cependant lui donnez ce qu'il mange pour être en vie spirituellement .Dans le cas échéant, vous allez subir les revers telsque : la pauvreté, la misère et enfin la mort. De plus ces deux vodouns ont horreurs des fausses demandes comme : demander que quelqu'un fasse un accident, que quelqu'un meurt, en un mot tout ce qui est négatif. Dans ce cas vous subirez les conséquences néfastes que vous avez infligées à la personne dont vous voulez du mal.

« Ce qu'il faut donner au vodoun pour avoir la paix, c'est la parole et la promesse. »

Le vodoun ogoun prend : huile rouge, colas, couteaux, coup coup, fusil également.

Le vodoun shango prend : des colas plus de l'eau.

Analyse : le vodoun shango est un vodoun nerveux ; et très rapide dans les réalisations ; il fait très rapidement ce que vous lui demandé ; et il est souhaitable qu'avant la réalisation de ce que vous avez demandé de l'honorer avec ce qu'il mange .De ce fait vous aurez dans de bref délai la réponse à votre sollicitation.

Vodoun shango

Hèvioso (tonnerre)

DESCRIPTION DETAILLEE : "Ce vodoun se manifeste par des cultes célébrés tous les sept jours .Le ""Vodounon"", l'animateur principal de ce vodoun, à l'aide de la cola et des boissons, invoque le vodoun, lui demande les nouvelles des enfants de la collectivité éparpillés dans les quatre coins du monde et surtout savoir si le vodoun ne s'apprête pas à agir éventuellement quelque part. Au cas où quelqu'un s'apprêterait à faire un quelconque mal, le vodoun le tuerait par foudroiement en prenant soin de révéler les raisons de son agissement. "

C'est un vodoun de justice ! il punit ceux qui font mal comme : les sorciers, les envouteurs, les adultérins, ceux qui empoisonnent leurs amis.

Le vodoun Hevioso a pour habitude de détruire l'arbre dans lequel se cachent les sorciers. Il y a des personnes qui utilisent le vodoun hevioso pour protéger leurs champs, des biens, (maison, enfants)

Le vodoun hevioso est un vodoun qui détruit très souvent les voleurs.

Vodoun hèvioso

Analyse sur le vodoun Hèvioso :

Le vodoun Hèvioso est un vodoun réparateur, il justifie ses actes .Si vous n'êtes pas fautif, il ne vous fera absolument rien .Au contraire, il va se retourner contre celui qui vous l'a envoyé. Pour sa justice, il peut agir en plein midi ou en pleine pluie. Lorsqu'il vous ai adressé, vous constaterez un éclaire puissant qui va surgir à l'endroit où vous êtes. Après l'opération, l'éclaire laisse une pierre grise comme signature.

Toxosou (dieu de l'eau)

Le vodoun toxosou ne procure que du bien ! lorsque vous êtes adepte de toxosou, rien ne vous manquera, vous aurez des opportunités sur tous les plans comme mariage, richesse, amour, richesse, postérité et prospérité. En un mot, tout marche dans votre vie. Mais d'abord il faudrait que l'intéressé consulte le fâ chez un Bokonon pour savoir les sacrifices à opérer.

Mami Wata

(aussi appelée *Yemendja* par les Yorubas), un culte spécial lui est même consacré. C'est la (déesse) mère des eaux, déesse crainte des pêcheurs, elle symbolise aussi bien la mer

nourricière que l'océan destructeur. Mami Wata est avant tout une divinité éwé, dont le culte est très présent sur la côte atlantique du Togo (mais aussi au Nigéria, au Cameroun, au Congo-Brazzaville) où elle symbolise la puissance suprême. Mami Wata est souvent représentée en peinture où elle figure sous les traits d'une sirène ou d'une belle jeune femme brandissant des serpents.

Mami Wata n'est pas une adaptation de l'anglais comme on le croit parfois. Dans la langue mina qui est parlée au Sud du Togo et une partie du sud du Benin, « Amuiê » veut dire serrer « Ata » veut dire la/les jambes. Après les rituels dédiés à la déesse des eaux pour la fécondité de la femme et dont la principale demeure est l'Océan, le maître (Hougan) ou la maîtresse (Mambo) de cérémonie lui demande de répéter : «Mamui Ata» ce qui veut dire : « je serre les jambes » afin de garder pendant un moment ce que la Déesse a ensemencé. Avec le temps, on nomma la déesse « Amuia Ata » et avec les déformations phonétiques successives le nom « Mamui Ata » est devenu « Mami Wa: ».

Le vodoun dan

Vodoun dan

Parlant du Vodoun Dan, je dirai que, le Dan est Vodoun qui se manifeste de plusieurs manières aux Hommes et à ses adeptes. Il peut être en vous, vous pouvez naitre avec sa marque ou bien si vous violez les règles d'une divinité donnée le Vodoun Dan peut se révéler à vous ou encore il est possible qu'on vous recommande à lui. Mais il est fréquent de voir aujourd'hui des possédés de Dan, des gens qui sont nés avec le Vodoun Dan et autres fuir nos réalités pour se réfugier dans les églises. Je leurs dirai que ce n'est pas ça qui règlera leurs problèmes. Tant qu'ils ne reconnaissent pas l'existence du Vodoun Dan dans leur vie et qu'ils ne fassent pas les rituels y afférents, ils n'auront jamais la paix dans leur vie. Le Vodoun Dan existe alors sous plusieurs espèces qui sont : Tohossou, Todan, Aguédjidan, Attindan, nos cours d'eau et le vent qui souffle sont aussi d'autres formes du Vodoun Dan. Les rituels qui sont faits dépendent de laquelle de ces divinités réside en vous et qui gouverne votre vie. Ils utilisent différentes feuilles, n'utilisent pas la même couleur de pagne, ne mangent pas les mêmes choses. Par exemple le Dan-Lissa, lui il est encore plus exigeant que les autres, il ne mange pas du sel, ses rituels exigent carrément d'autres choses qu'il faut faire. Ils sont tous Vodoun Dan, mais ont leurs interdits, la manière d'effectuer leurs rituels, la manière de les ériger chez soi est encore différente. Par ailleurs tous ceux qui sont sous la protection de Vodoun Dan, qui sont nés avec sa marque et qui ne font pas les rituels se détruisent, ils n'auront jamais le bonheur et l'abondance dans leur vie, car le Vodoun Dan qui est l'entité suprême de la richesse, pouvait les combler de tout, mais pas avant que ces derniers ne le reconnaissent et ne fassent les rituels qu'il recommande. Ceux qui l'ont compris trop tôt et se sont conformés à ses prescriptions sont des individus généralement nantis, qui ne manquent de rien, qui ne souffrent de rien, qui sont dans l'abondance financière, matérielle et autres. Maintenant la femme Dansi (celle dont le Vodoun Dan gouverne l'existence), pour se coucher avec son mari sur le même lit, doit se coucher devant et l'époux derrière contre le mur. Car il est fréquent que son mari spirituel, le Vodoun Dan vienne la visiter avec de l'or, des diamants, bref de la fortune. Elle n'aura jamais cette fortune si son mari humain, n'étant pas Dansi se couchait devant et la femme contre le mur. Non seulement ce dernier aura mal, mais partout il commencera par entendre le nom du Vodoun Dan, qui choisit souvent de visiter ses adeptes les jeudis et vendredis dans la nuit. Il est aussi possible que le Vodoun Dan gouverne votre vie avec d'autres Vodoun simultanément. C'est le dieu de la richesse qui comble ceux qui sont nés pour briller, mais dont les esprits maléfiques bloquent les issus.

Le **zangbéto** (ou **zangbeto**)[1] est une société de masques des peuples du sud du Bénin. D'origine Goun, le Zangbéto vient de « *zan* » qui signifie nuit et « *gbéto* » qui signifie chasseur. Littéralement il veut dire chasseur de nuit. Sa mission est de veiller sur le roi de la ville, sa communauté et de chasser sorciers et mauvais esprits pendant la nuit. Le fief des Zangbétos se trouve à Porto-Novo

Origines

L'histoire raconte qu'à la mort de **Lansuhouto**, roi d'Allada, ses 3 fils **Tê-Agbanlin**, **Mèdji** et **Aho dako-donou** se livrèrent une bataille fratricide pour lui succéder au trône. Encerclés dans leur base par les troupes adverses, Tê-Agbanlin et ses compagnons élaborent une stratégie pour faire fuir l'armée de Mèdji. Idée originelle de **Padonou Hennoukoun**, prince chasseur de la collectivité *Davié- Holou* faisant partie du cortège de Tê- Agbanlin, ils construisirent des cases coniques en bambou recouverts de feuilles sèches de bananier. Au sommet de ces cases, ils mettent des coussinets (en feuilles de bananier) pour porter facilement les cases sans se blesser la tête et des yeux de bœufs à la hauteur des yeux afin de permettre aux porteurs de voir tout l'extérieur depuis l'intérieur de la case. A chaque côté, ils construisent des poignées capable de mouvoir facilement la case dès qu'elles sont bougées. Un des combatants souffla fortement dans une corne de bœuf et fit retentir un bruit terrifiant qui fit fuir les troupes de Mèdji croyant avoir affaire à des diables. Tê-Agbanlin et ses troupes s'extirpent et finissent par trouver refuge à adjachè devenu plus tard Porto-Novo où ils s'installent. Tê-Agbanlin et ses compagnons restent néanmoins sur leur garde et décident de sortir toutes les nuits les Zangbétos pour protéger le royaume contre d'éventuels attaques.

Organisation

« Ava » est le lieu où se pose le Zangbéto. C'est de là que partent toutes les sorties. Le « zangan » est le médium entre le Zangbéto et le reste de la communauté. C'est à lui seul que parle le Zangbéto. A son tour, il se charge de transmettre le message à la communauté. Il préside les sorties du Zangbétos. Les « zanvis » sont les autres personnes du cercle des Zangbétos. Il s'agit souvent de jeunes gens chargés de jouer les tam-tams lors des sorties. À Porto-Novo, chaque quartier à son Zangbéto et son Zangan. Chaque Zangbéto porte un nom spécifique qui lui confère une identité et une personnalité. « Kpakriyao » est le tout premier zangbéto installé à Porto-Novo et est devenu le chef de tous les

Zangbétos. Il mesure jusqu'à 4m de haut. Outre les sorties nocturnes, le Zangbéto effectue aussi des sorties en pleine journée.

Initiation

L'entrée dans le cercle des Zangbétos n'est réservée qu'aux hommes et est soumise à des rites d'initiation. Le candidat doit payer une certaine tribu composée d'animaux domestiques, de boissons sucrées et alcoolisées et une certaine somme d'argent. Il est dit que les candidats sont soumis à des flagellations afin d'éprouver leur bravoure et leur courage. Seuls les plus braves sont acceptés dans le cercle. On leur donne un nom d'initié et ils prêtent serment de ne révéler aucun secret du Zangbéto ni à leur femme ni à aucune autre personne non initiée. Les initiés se reconnaissent par un code secret qu'ils se communiquent lorsqu'ils se croisent.

Evolution

Le Zangbéto était très violent. Les non-initiés ne doivent pas le croiser au risque de se faire flageller. Aujourd'hui, le Zangbéto sort lors des manifestations, participent à des actions publiques. Outre son rôle de veilleur de nuit, le Zangbéto joue le rôle de médiateur social dans le règlement pacifique des conflits entre villages, ou même au sein des couples. Il coopère avec la police dans des actions de lutte contre le banditisme, le vol et le pillage.

Magie

Le Zangbéto est aussi une société de magie entourée d'un grand mystère. Il aurait le pouvoir de disparaître de son masque ou de se transformer en divers objets de l'univers comme en un serpent, un coq, une calebasse ou une chaise. Lors des cérémonies de magie, les zanvis, accompagnés des femmes jouent et dansent[2].

Culte et pratique vaudoun hors d'Afrique

Le vaudoun vient d'Afrique de l'Ouest, mais on pratique aussi un vaudou partout où des esclaves africains ont été déportés, comme dans certaines îles des Caraïbes ou dans quelques pays d'Amérique comme le Brésil, les États-Unis, le Mexique, etc.

Les vaudous pratiqués en dehors du continent africain sont souvent des variantes et des restes de la religion d'origine. En effet, les esclaves interdits de pratiquer leurs langues et cultes n'ont réussi à conserver qu'une infime partie de leur patrimoine culturel.

À l'image des langues créoles parlées par les descendants d'esclaves à travers le monde, les vaudous des « nouveaux mondes » sont des mélanges entre différentes religions d'origines africaines (vaudou ou pas) et celles des sociétés esclavagistes.

La brutalité subie par les esclaves pour créer un climat constant « d'état de choc » chez les captifs est sans doute à l'origine de cette utilisation souvent de « terreur » et de vengeance du vaudou que l'on retrouve chez les pratiquants descendants d'esclaves, qui utilisèrent cette religion en réponse à des actes d'une cruauté difficilement concevable, commis par leurs maîtres européens.

Une stratégie de « terreur par le vaudou » utilisée contre les oppresseurs et transmise ensuite de génération en génération notamment chez les colons blancs, terreurs qui se sont finalement retrouvées dans les scénarios de films des studios hollywoodiens par exemple qui ont largement diffusé à grande échelle cette image négative et guerrière du vaudou

Conclusion

Le vodoun est un phénomène spirituel dont la connaissance échappe la science .Il se révèle comme un dieu ayant des droits et principes qui reçoit des commandements mals ou bien de la part de ses adeptes .Ainsi donc, le vodoun protège la famille , les amis contre beaucoup de maux, il bénit aussi les hommes, leur donne des enfants et leur fait prospérer .Le vodoun n'est pas hostile face aux provocations , ne reste pas indifférent aux demandes .Le vodoun demande des sacrifices selon ce que la personne veut et exige la reconnaissance .Mais il est nécessaire de savoir qu'il y a une nuance entre le vodoun ,le Azé et le gris le gris .Ce dernier est une composition d'élément naturel ,il fait ce que l'homme lui commande par parole .Au nombre des gris- gris(le Bo :un sous-secteur de la bologie) nous pouvons citer le Kpé(un bo avec lequel on tue ; on arrête la respiration d'un homme , on prend un bien avec force chez quelqu'un) , le Awlé(parfum de chance , savon de chance,),...Le Azé (sorcellerie en français :est la croyance en sa force personnelle) est une force spirituelle selon laquelle se cachent des individus mal intentionnés .Ces derniers n'ont qu'un seul objectif celui de nuire leur ennemi ou leur proche par jalousie , méchanceté et la haine . Par le biais du Azé , les Azéto(sorciers) provoquent des accidents , créent des accidents , rendent maladif certain à vie , rendent aussi fou. En bref provoque toutes sortes de maladies dans la vie mais aussi pour créer de tragédie de tout genre comme crash d'avion , de bateaux .Le Azéto peut voyager sans aucun moyens terrestre , ferroviaire et aériens .Juste par un simple incantation , il se retrouve à l'endroit voulu et l'heure voulue. Il peut avec ses yeux diaboliques voire l'intérieur du corps d'un homme, son esprit, son âme et mêmes les projets futurs et présent de cet être. Il prend corps à travers plusieurs animaux notamment : le hibou, le chat... Enfin, le vodoun n'est pas mauvais mais c'est l'homme qui pousse l'esprit vodouiste à nuire. Cependant, si celui que l'on veut envouter n'est pas fautif, l'envoutement sera renvoyé au faiseur.

Bibliographie

1. Alfred Métraux, *Le Vaudou haïtien*, Gallimard, coll. « Bibliothèque des Sciences humaines », 1959 et coll. « Tel » (n° 20), préface de Michel Leiris, 1977.
2. Maya Deren, *Divine Horsemen: The Living Gods of Haiti*, Thames & Hudson, 1953.
3. Pierre Fatumbi Verger, *Dieux d'Afrique : Culte des Orishas et Vodouns à l'ancienne Côte des Esclaves en Afrique et à Bahia,* , Revue Noire, 1954, rééd. 1995.
4. Manolesco, Jean, *Vaudou et magie noire*, Éditions du Jour, 1972.
5. Pierre Fatumbi Verger, *Orisha*, Métailié, 1982 : la référence sérieuse sur les cultes Yorouba et Fon en Afrique, Brésil et Haïti.
6. Zora Neale Hurston, *Tell My Horse: Voodoo and Life in Haiti and Jamaica*, Harper, 1991.
7. Karen McCarthy Brown, *Mama Lola: A Voodoo Priestess in Brooklyn*, University of California Press, 1991.
8. Martine Balard, " Dahomey 1930, Mission catholique et culte vaudoun, l'œuvre de Francis Aupiais (1877-1945) missionnaire et ethnographe", Ed l'Harmattan, 2000, 360 p.
9. Dany Bébel-Gisler, *Cultures et pouvoir dans la Caraïbe : Langue créole, vaudou, sectes religieuses en Guadeloupe et en Haïti*, L'Harmattan, 2000.
10. Laënnec Hurbon, *Dieu dans le vaudou haïtien*, Maisonneuve et Larose, 2002.
11. Elizabeth A. McAlister, *Rara: Vodou, Power, and Performance in Haiti and Its Diaspora*, University of California Press, 2002.
12. Michel Le Bris (éd.), *Vaudou*, Hoëbeke, 2003.
13. Lydia Cabrera, *La Forêt et les dieux : Religions afro-cubaines et médecine sacrée à Cuba*, Jean-Michel Place, 2003.
14. Wade Davis, *Vaudou!* (titre original : *The Serpent and the Rainbow*), Presses de la Cité, 1987.
15. Desjeux Catherine et Bernard, *Vodun et Orisha, la voix des dieux!* Préface de Guérin Montilus, Éditions Grandvaux 2014

16. Henry S. Whitehead, *Zombie*, *Les Lèvres*, des nouvelles fantastiques de possession vaudou.
17. William Seabrook, *L'Île magique* (1929), livre qui transmet les fantasmes liés au vaudou.
18. Maryse Condé, *Moi Tituba sorcière noire de Salem*, Gallimard, 1982, raconte l'histoire d'une esclave noire des Antilles initiée à la magie, revendue et emmenée à Salem lors de la chasse aux sorcières.
19. Jean Métellus, dont la plupart des recueils de poèmes sont fortement teintés de vaudou, comme : *Les Dieux pèlerins*, Janus, 2004, *Hommes de pleins vent*, Nouvelles du Sud, 1981, réédition en 1992 et *Voyance*, Hatier, 1984 et réédition, *Voyance et autres poèmes*, Janus 2005
20. René Depestre, *Hadriana dans tous mes rêves*, Gallimard, 1988.
21. Patricia Geary, *Drôles de jouets*, Denoël, coll. Présences du fantastique.
22. Tim Powers, *Sur des mers plus ignorées*, 1987.
23. William Gibson, auteur de science-fiction/cyberpunk, incorpore des références aux lwas Vaudou-Ougou Feray, Legba- dans ses romans *Comte Zéro* et *Mona Lisa s'éclate*.
24. Dean Koontz, *Le Rideau de ténèbres* (policier épouvante vaudou)
25. Laurell K. Hamilton, *Le cadavre rieur* dans lequel la *señora* est une grande prêtresse vaudou.

Le vodoun qui est-il ?

Paru en 2018, ***''le vodoun qui est-il ?''*** *en affirmant les principes du vodoun et des interdits de ses adeptes,a constitué un tournant décisif pour la modernité de la religion endogène béninoise et s'est imposé comme l'un des livres majeurs de la philosophie vodouiste .Il a aussi acquis le statut de monument scriptural imageant le patrimoine culturel du Bénin. Détaillé avec des explications claires et concises,* ***''le Vodoun qui est-il ?''*** *nous amène à avoir une perception positive sur le Vodoun.*

MIX
Papier aus verantwortungsvollen Quellen
Paper from responsible sources
FSC® C105338

Printed by Books on Demand GmbH, Norderstedt / Germany